Calma, vai dar tudo certo

CB004912

2

Ahã, ahã, ahã...

Estou pensando... Existem tantas coisas interessantes para conversar com meus amigos, que não sei qual tema escolher.

Você tem alguma sugestão?

Posso falar de...

Não, tem algo melhor.

Que tal...?

Esse tema fica para depois.

É tão bom falar das coisas que temos em nós, que fico perdido às vezes, sabe?

Já sei!!! Como não pensei nisso antes?

Espero que você ainda continue aí. Preparado?
Então vamos nós!

Tenho certeza de que você já ouviu falar antes de algo chamado "ansiedade", não é mesmo? Vamos conversar um pouco mais sobre isso?

Para começar, vamos tentar entender o que é ansiedade.

Bom, ansiedade é aquela sensação de incômodo que temos por algo que ainda não aconteceu. É aquela ideia que começa a incomodar e tira nosso sossego. Sabe quando temos uma prova na escola e ficamos com medo de não tirar nota boa? É isso que se chama ansiedade.

Vamos montar uma palavra para isso?

"SENIPONÃO"

SENSAÇÃO de **INCÔMODO POR** algo que **NÃO ACONTECEU**

Mas como isso acontece?

Normalmente, o primeiro passo da ansiedade é uma preocupação. Vamos supor que você goste de praticar esporte e amanhã tenha uma competição que desejaria muito vencer.

Junto com essa preocupação em vencer a competição vem a ideia de que não pode haver erros. Esse medo do erro leva a criar pensamentos negativos e, a partir daí, ficamos ansiosos.

O mesmo ocorre, como já disse, quando temos uma prova importante na escola. Se o medo de tirar nota baixa tomar conta de mim, posso perder o sono por causa da preocupação, chegar nervoso à escola e até esquecer aquilo que estudei.

Tudo bem até aqui? Estou me fazendo entender? Espero que sim.

Talvez neste momento surja uma dúvida: então, é ruim se preocupar?

Respondo: não!

"ESPRESIRE!!!"

Estar PREOCUPADO é SINAL de RESPONSABILIDADE

Quando pensamos na prova e temos uma dose de preocupação, é porque queremos tirar nota boa, e isso faz com que estudemos mais.

O problema é quando essa preocupação fica muito grande e tira nossa concentração ou não nos permite estudar.

PAÇÃO

Perceba que não podemos desprezar a preocupação, mas temos que usá-la para nosso bem, e não para nos atrapalhar. Por isso, evite que a ansiedade esteja no controle, ok?

Pense um pouco. O que mais lhe causa ansiedade? Converse com seus pais, um irmão ou um amigo sobre isso.

Podemos continuar?

Gostaria que juntos entendêssemos uma coisa: a diferença entre ter medo imaginário e estar em perigo.

O medo imaginário é algo que nem sempre vai acontecer. O perigo é algo que está acontecendo.

Vamos a um exemplo. Se assisto a um filme de terror – aliás, não gosto nem um pouco deles – e fico pensando nos personagens, pode ser que eu não durma à noite com medo de que um monstro venha me fazer mal. Esse é um medo que podemos chamar imaginário, ou seja, jamais um personagem de um filme vai sair da TV.

Estar em perigo é um medo real. Vamos dar um exemplo.

Tomar remédio sem consultar um médico e sem obedecer às orientações dele pode colocar minha saúde em risco. Nesse caso, o medo de arriscar minha vida é útil e faz com que eu siga corretamente aquilo que o doutor orientar.

Para não esquecer:

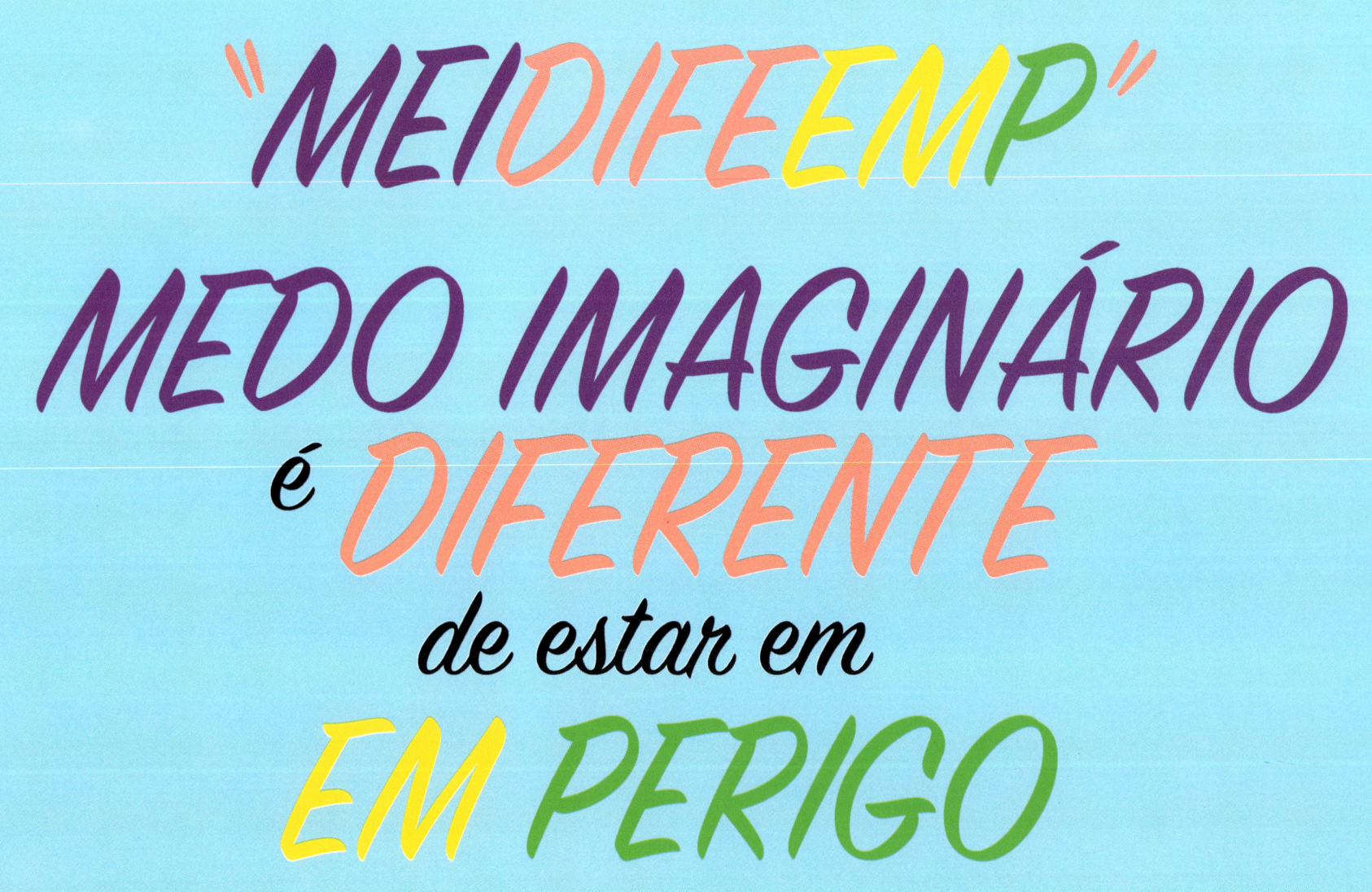

"MEIDIFEEMP"

MEDO IMAGINÁRIO é DIFERENTE de estar em EM PERIGO

Acho que agora podemos entender mais um pouco sobre a ansiedade e procurar um ou vários jeitos de trabalhar essa sensação, não é mesmo?

O primeiro passo é tentar perceber quando estamos entrando nesse estado de querer antecipar o futuro. É muito importante identificar isso, porque depois teremos a oportunidade de fazer certas perguntas. Vamos conhecer algumas:

Essa preocupação é real ou imaginária?

Estou realmente em perigo?

É possível resolver uma situação que ainda não aconteceu?

O que posso fazer para aliviar essa sensação?

Essa última pergunta é bem interessante. Gostaria de conversar sobre algumas possibilidades que estão ao nosso alcance e que muito ajudam a conter o medo do futuro. Quer conhecer algumas delas?

Então, mãos à obra.

"O RESPI"

OBSERVE SUA RESPIRAÇÃO

Quando estamos ansiosos, nossa respiração fica mais rápida e superficial, ou seja, respiramos pouco. Caso perceba que está assim, faça o seguinte:

Preste atenção em seu corpo.

Relaxe um pouco. Se for possível, sente-se.

Procure respirar enchendo os pulmões de ar e soltando-o calmamente.

Diga a si mesmo: "Calma! Sempre há uma solução".

Começamos bem.

Vamos continuar? Este passo é muito interessante.

"NAALIPESS"

NÃO ALIMENTE O PESSIMISMO

21

Infelizmente temos o hábito de acreditar sempre no pior. Isso não é bom. Entendo que as coisas podem não sair como queremos, mas saiba que, aconteça o que acontecer, tem sempre um Deus que nos ama e que usa anjos deste mundo e também do outro para nos proteger. Vai dar tudo certo, ok?

Sabe de uma coisa? Nossos pensamentos são como nuvens; com um pouco de treino, saberemos como deixar que eles passem. Caso contrário, permitiremos que eles nos dominem e perderemos o sossego.

Como é bom saber que temos possibilidades para nos controlar!

E aí, tudo bem com você? Vamos continuar?

Outro recurso que pode ser utilizado para sair do estado de ansiedade é procurar colocar nossa atenção em outro lugar.

"PRAESPOBRIJOLE"

PRATIQUE ESPORTE BRINQUE com os amigos **JOGUE** videogame **LEIA** um bom livro.

Mas atenção: não exagere no videogame! Por favor, tudo o que fazemos exageradamente prejudica nossa saúde física e mental.

Quando nos dedicamos a uma atividade esportiva, desligamo-nos das preocupações. E o resultado disso é que deixamos a ansiedade e as preocupações de lado. Não quero dizer que temos que fugir dos nossos desafios, certo?

Olha que conversa agradável que estamos tendo, concorda? Vamos pensar juntos em algo que passou pela minha cabeça. Somos humanos, e não super-humanos, certo? Isso quer dizer que nem sempre conseguimos resolver tudo sozinhos. Então, não tenha medo de

"PEAJUA!"

PEDIR AJUDA a um ADULTO

Isso mesmo! Nossos pais, tios, avós são nossos amigos e podemos contar com eles. Mas, para isso, eles precisam saber como estamos nos sentindo. Jamais esconda dos seus pais os seus sentimentos. Quanto mais falamos deles, mais aprendemos e vamos melhorar. Faça isso, e eu tenho certeza de que vai se sentir melhor. E atenção: esqueça essa história de sentir vergonha; isso não resolve seus problemas!

Ops! Não posso me esquecer de algo que sempre, sempre precisa fazer parte da nossa vida, em qualquer idade, em qualquer situação:

"CONNOIN"

CONFIAR NO INVISÍVEL!

Talvez você esteja perguntando: "Como assim, Aguar, confiar no invisível?" Simples. Todos nós temos um amigo – ou vários – invisível chamado Anjo Guardião. Esse amigo está sempre pronto para nos proteger e ajudar. Não se esqueça de que acima de tudo existe Deus, que, por meio de leis, organiza e mantém tudo o que existe em harmonia.

Acho que uma pergunta pode estar em sua cabeça agora: "Como faço para entrar em contato com Deus e com meu amigo espiritual?" Simples: por meio da oração. Ela é o caminho mais fácil para acalmar nossa ansiedade e trazer ideias que nos tranquilizem. O que você acha de tentar?

31

Converse com seus pais sobre isso. Vale a pena.

Gostaria de deixar uma sugestão. Quer tentar?

Faça o seguinte:

• Sente-se em um lugar silencioso.

• Respire com calma e o mais profundamente possível.

• Solte o ar e tente relaxar.

• Inspire sempre com calma e solte o ar sem pressa.

• Preste atenção no movimento do ar entrando e saindo de seus pulmões.

• Você também pode colocar uma música. Por favor, uma que acalme!

• Estava me esquecendo. Leia alguma mensagem que fale coisas positivas, se quiser.

• Agora você está pronto para fazer sua oração. Faça do seu jeito; não se preocupe com palavras bonitas. Deus e o seu amigo espiritual querem que seu coração fale.

Faça isso! Tenho certeza de que sua ansiedade vai diminuir muito ou quem sabe até desaparecer.

Mais uma dica: a oração é importante e necessária em todos os momentos de nossa vida; jamais deixe de praticá-la, ok?

Olha! Todos nós temos nossos desafios ou provas para enfrentar. Teremos muitos momentos em nossa vida que podem gerar ansiedade. Saiba que sempre existirá uma alternativa, uma solução. Nem sempre as coisas saem como desejamos, mas nunca se esqueça de que é necessário, para nosso crescimento, aproveitar as dificuldades para aprender e melhorar. Pense nisso!

Puxa vida... Chegamos ao final do livro. Fico feliz em ter tido sua companhia até aqui. Espero que tenha gostado e fico muito feliz se pude ser útil em alguma coisa. Que Deus te acompanhe sempre em sua caminhada.

E lembre-se:

Calma, vai dar tudo certo

Obrigado e até nosso próximo encontro em outro livro!

Instituto Beneficente Boa Nova
Entidade coligada à Sociedade Espírita Boa Nova
Av. Porto Ferreira, 1.031 | Parque Iracema
Catanduva/SP | CEP 15809-020
www.boanova.net | boanova@boanova.net
Fone: (17) 3531-4444